LE COMTE DE WARWIK,

TRAGÉDIE,

Par M. DE LA HARPE;

Représentée pour la premiere fois par les Comédiens François ordinaires du Roi, le 7 Novembre 1763.

Prix trente sols.

A PARIS,

Chez DUCHESNE, Libraire, rue Saint Jacques, au Temple du Goût.

M. DCC. LXIV.
Avec Approbation & Privilége du Roi.

A SON ALTESSE SÉRÉNISSIME

MONSEIGNEUR

LE PRINCE DE CONDÉ.

ONSEIGNEUR,

Mes premiers essais ont été consacrés à votre gloire. L'hommage que j'ai rendu à VOTRE ALTESSE, *m'a seul appris sans doute à peindre un*

A ij

EPITRE.

Héros. Vos bontés ont encouragé ma jeunesse, & la faveur la plus précieuse accordée à mon Ouvrage, c'est qu'il m'ait été permis de l'offrir à un Prince devenu l'espérance de la Nation, & qui sait également mériter les éloges & les apprécier.

Je suis avec un très-profond respect,

MONSEIGNEUR,

DE VOTRE ALTESSE SÉRÉNISSIME.

Le très-humble & très-obéissant serviteur,
DE LA HARPE.

LE COMTE

DE WARWIK,

TRAGÉDIE.

ACTEURS.

EDOUARD D'YORCK, Roi d'Angleterre.

MARGUERITE D'ANJOU, femme d'Henri IV. détrôné.

LE COMTE DE WARWIK.

ELISABETH.

SUFFOLK, *Confident du Roi.*

SUMMER, *Ami de Warwik.*

NEVIL, *Suivante de la Reine.*

UN OFFICIER.

GARDES, *Soldats.*

La Scene est à Londres.

LE COMTE DE WARWIK,
TRAGÉDIE.

ACTE PREMIER.

SCENE PREMIERE.
MARGUERITE, NEVIL.

NEVIL.

UOI! lorsque les Destins ont comblé vos revers,
Quand votre Epoux gémit dans l'opprobre des fers;
Lorsqu'Edouard enfin, heureux par vos désastres,

A iv

S'affied infolemment au Trône des Lancaftres,
Marguerite, tranquille en fon adverfité,
Conferve fur fon front tant de férénité !
Quel efpoir adoucit votre mifere affreufe ?

MARGUERITE.

Celui qui foûtient feul une ame généreufe ;
Qui nous affermiffant contre les coups du fort,
Suffit pour rejetter le fecours de la mort ;
Aliment néceffaire au fein de la fouffrance,
Seul bien des malheureux, l'efpoir de la vengeance.

NEVIL.

Eh ! comment cet efpoir vous feroit-il permis ?
Le Sceptre eft dans les mains de vos fiers ennemis.
Ils ne font plus ces temps, où votre ame intrépide
Soûtenant les langueurs d'un Monarque timide,
De l'Anglois inquiet abaiffoit la fierté,
Le foumettoit au frein de votre autorité ;
Quand vous-même guidant des guerriers indociles,
Terraffiez les auteurs des difcordes civiles,
Quand de l'heureux Yorck qui nous opprime tous
Le Pere audacieux fuccomboit fous vos coups.
Hélas ! tout eft changé : malgré votre courage,
De fes premiers bienfaits le fort détruit l'ouvrage.
Yorck eft triomphant, Lancaftre eft abattu ;
En vain pour votre Epoux vous avez combattu,
En vain il a repris, encor plein d'épouvante,
Le Sceptre qui tomboit de fa main défaillante,
L'afcendant de Warwick a fait tous vos malheurs.

Votre Fils, cet objet de vos soins, de vos pleurs,
Traîne loin des regards d'une Mere plaintive,
Sous les yeux des Tyrans son enfance captive.
Vous-même prisonniere en ces murs odieux.....

MARGUERITE.

Un plus doux avenir enfin s'ouvre à mes yeux.
Mes destins vont changer... mon cœur du moins
   s'en flatte.
Il faut que devant toi mon allégresse éclate.
Apprends ce qu'Edouard cache encore à la Cour,
Et ce que verra Londre avant la fin du jour.
Tu sçais qu'Elisabeth à Warwick fut promise ;
Que prêt à s'éloigner des bords de la Tamise,
Il attendoit sa main....

NEVIL.
Eh bien ?

MARGUERITE.
     Des nœuds secrets
Vont ce soir au Tyran l'enchaîner pour jamais ;
Et le peuple étonné de sa grandeur soudaine,
Apprendra cet hymen en connoissant sa Reine.

NEVIL.

O Ciel ! que dites-vous ? Eh quoi ! lorsqu'aujour-
   d'hui
Il brigue des François l'alliance & l'appui,
Lorsque pour en donner une éclatante marque,
Il offre d'épouser la sœur de leur Monarque,

Que Warwik, en un mot, chargé de ce Traité,
Aux rives de la Seine est encore arrêté ;
L'imprudent Edouard, par un double parjure
Prépare à tous les deux cette sanglante injure ?

MARGUERITE.

Oui, ce Prince aveuglé par un amour fatal
Est de son bienfaiteur devenu le rival.
En vain Elisabeth, que cet hymen accable,
Voudroit en rejetter la chaîne insupportable ;
Un Pere ambitieux, insensible à ses pleurs,
Va la sacrifier à l'attrait des grandeurs ;
Et sa fille aujourd'hui, victime couronnée,
Attend en frémissant ce funeste hyménée.
Voilà ce que j'ai sçu : des amis vigilans
Ont surpris ces secrets cachés aux Courtisans.
Penses-tu que Warwick tout plein de sa tendresse,
Se laisse impunément enlever sa Maitresse ?
Se verra-t-il en bute aux mépris des deux Cours,
Sans venger à la fois sa gloire & ses amours ?
Connois-tu de Warwik l'impétueuse audace ?
Ce Guerrier si terrible, auteur de ma disgrace,
Ce Héros si vanté, dont les vaillantes mains
Ont fait en ces climats le sort des Souverains,
Est orgueilleux, jaloux, fier autant qu'invincible ;
Son cœur est généreux ; mais il est inflexible.
Il dédaigne le Trône, il se croit au-dessus
De ces Rois par son bras protégés ou vaincus.
Tu le verras bien-tôt, sensible à cet outrage,
S'élevér avec moi contre son propre ouvrage,

Arracher mon Epoux à la captivité;
Et signalant pour moi son courage irrité,
M'aider à ranimer, après tant désastres,
Les restes expirans du parti des Lancastres,
Ecraser Edouard après l'avoir servi,
Et me rendre à la fois tout ce qu'il m'a ravi.
Ou bien si de Warwik la valeur fortunée,
Ne pouvoit rien ici contre ma destinée,
Je goûterai du moins ce plaisir consolant
De voir mes ennemis, l'un l'autre s'accablant,
Victimes d'une guerre à tous les deux funeste,
Répandre sous mes yeux un sang que je déteste;
Et des maux qu'ils m'ont faits se disputant les fruits,
Peut-être tous les deux l'un par l'autre détruits.

NEVIL.

Vous allez, dans l'ardeur qui toujours vous dévore,
En de nouveaux périls vous engager encore;
Vous allez tout braver, pour servir un Epoux
Indigne également & du Trône & de vous.

MARGUERITE.

Hélas! de son malheur ne lui fais point un crime.
Je sçais qu'il s'endormit sur le bord de l'abîme:
Le Sceptre qu'il portoit a fatigué son bras:
Il me laisse à venger des maux qu'il ne sent pas.
Se livrant à son sort en esclave timide,
Incessamment plongé dans un calme stupide,
Il paroît ne sentir dans sa triste langueur,
Ni le poids de ses fers, ni l'orgueil du vanqueur.

Eh bien ! C'eſt à moi ſeule à laver mon injure,
A ſoutenir ce rang que ſa foibleſſe abjure.
Eh ! que dis-je ! mon Fils, l'idole de mon cœur,
M'offre de mes travaux un prix aſſez flatteur
Si ma main le replace au Trône de ſon Pere,
Un jour il connoîtra ce qu'il doit à ſa Mere.
De combien de périls j'ai ſçu le garantir !
Ce jour, ce jour hélas ! me fait encor frémir,
Où d'un cruel vainqueur évitant la pourſuite,
Seule, & dans les forêts précipitant ma fuite,
Egarée, éperdue, & mon Fils dans mes bras,
De momens en momens j'attendois le trépas.
Un Brigand ſe préſente, & ſon avide joye
Brille dans ſes regards à l'aſpect de ſa proye,
Il eſt prêt à frapper : je reſtai ſans frayeur.
Un eſpoir imprévu vint ranimer mon cœur ;
Sans guide, ſans ſecours dans ce lieu ſolitaire,
Je crus, j'oſai dans lui voir un Dieu tutélaire.
Tiens, approche, lui dis-je, en lui montrant mon Fils
Qu'à peine ſoûtenoient mes bras appéſantis,
Oſe ſauver ton Prince, oſe ſauver ſa Mere......
J'étonnai, j'attendris ce mortel ſanguinaire ;
Mon intrépidité le rendit généreux.
Le Ciel veilloit alors ſur mon Fils malheureux ;
Ou bien le front des Rois que le Deſtin accable,
Sous les traits du malheur ſemble plus reſpectable.
Suivez moi, me dit-il, & le fer à la main,
Portant mon fils de l'autre, il nous fraye un chemin ;

Et ce mortel abject, tout fier de son ouvrage,
Sembloit, en me sauvant, égaler mon courage.
NEVIL.
Le Ciel, en ce moment, se déclara pour vous.
Que ne peut-il encore adoucir son courroux !
MARGUERITE.
Edouard va m'entendre, il verra ma franchise.
Qu'il me laisse quitter les bords de la Tamise,
Qu'il fixe ma rançon & celle de mon Fils ;
Voilà ce que j'attends, & ce qu'il a promis.
Mon cœur dans les chagrins qui l'occupent sans cesse,
Rend justice aux vertus dont brille sa jeunesse.
Il est né généreux, je dois en convenir.
Il m'a ravi le Trône, & je dois l'en punir.
Edouard à mes yeux est toujours un rebelle.
Je ne discute point cette longue querelle,
Ces droits tant contestés, & jamais éclaircis ;
Je défendrai les miens, mon Epoux, & mon Fils.
Ce sont-là mes devoirs, mes vœux, mon espérance.
Je veux joindre Warwik aux rives de la France.
Il servira ma haine ; & peut-être Louis !
Va s'armer avec nous contre mes ennemis.
Peut-être son courroux.... Mais Edouard s'avance.
Laisse-nous.

SCENE II.

MARGUERITE, EDOUARD, SUFFOLK, GARDES.

EDOUARD.

Vous avez souhaité ma présence,
Quelque ressentiment qui nous puisse animer,
Mon cœur est équitable & sçait vous estimer.
Si mon rang à vos vœux me permet de me rendre,
L'illustre Marguerite a droit de tout prétendre.

MARGUERITE.

En l'état où je suis paroissant devant toi,
J'envisage les maux accumulés sur moi.
Je t'ai vu mon Sujet ; j'ai marché Souveraine
Dans ce même Palais où ton pouvoir m'enchaîne.
Le Destin l'a voulu, jouis de sa faveur.
Mais si ton ame encore est sensible à l'honneur,
J'en reclame les loix sans demander de grace.
Je sçais, sans m'avilir, céder à ma disgrace.
J'ose attendre de toi mon Fils, ma liberté.
Que l'un & l'autre ici soient garans du Traité
Qu'à la Cour de Louis Warwik a dû conclure ;
Tu dois les accorder ou t'avouer parjure.
Détermine le prix que je dois t'en donner.
Mon aspect dès long-temps a dû t'importuner ;

Il trouble les douceurs d'un régne illégitime.
Il est dur de rougir devant ceux qu'on opprime.

EDOUARD.

Non, je ne rougis point d'avoir repris un rang
Que trop long-temps Lancastre usurpa sur mon sang.
Je ne veux point ici vous expliquer mes titres ;
La haîne & l'intérêt sont d'injustes arbitres.
Eh ! de quel droit enfin, vous, d'un sang étranger,
Quand Londres me couronne, osez-vous me juger ?
De Naples & d'Anjou l'incertaine héritiere
Devroit s'occuper moins du Trône d'Angleterre.
Par le Peuple & les Grands, Lancastre est condamné.
Vous n'êtes plus ici que fille de René,
Qu'une étrangere illustre, & non pas une Reine.
D'un titre qui n'est plus, cessez d'être si vaine.
Entre Louis & moi je ménage un Traité
Qui fixera l'instant de votre liberté.
Je le souhaite au moins ; mais je ne puis répondre
Des obstacles nouveaux qui peuvent nous confondre.
Les intérêts des Rois coûtent à démêler,
Et mon devoir n'est point de vous les révéler.
Attendez jusques-là ma volonté suprême.

MARGUERITE.

J'attends tout désormais du Ciel & de moi-même.
Je ne réfute point ces discours insultans,
Armes de l'injustice & faits pour les Tyrans.
Tu crains que dans l'Europe on n'entende mes
        plaintes ;
Mais je te puis ici porter d'autres atteintes.

Songe que dans ces murs un Peuple factieux,
Toujours prêt à pousser un cri séditieux,
Cruel dans ses retours, extrême en ses offenses,
Peut encore à mon cœur préparer des vengeances,
Et m'offrir un plus sûr & plus facile appui
Que ces Rois toujours lents à s'armer pour autrui.
Il faut ou m'immoler, ou me craindre sans cesse.
Tu n'as point à rougir d'accabler la foiblesse
D'un sexe qui souvent est dédaigné du tien ;
Tu sçais si Marguerite est au-dessus du sien.

EDOUARD.

Je vois à quel excès la fureur vous égare ;
Mais ce n'est point à vous de me croire barbare.
Contre vous autrefois me guidant aux combats,
Mon pere malheureux a trouvé le trépas ;
Par des tributs sanglans j'ai pu le satisfaire :
Je n'imputai sa mort qu'aux hazards de la guerre.
Je sçais vous pardonner ces impuissans éclats
Qui consolent le foible & ne le vangent pas.
J'honore vos vertus, je l'avouerai sans feindre,
Je puis vous admirer ; mais je ne puis vous craindre.
Calmez votre douleur auprès de votre fils :
Allez ; son entretien va vous être permis.
Peut-être en le voyant votre reconnoissance
Avouera que mon cœur a connu la clémence.

MARGUERITE.

Son état & le mien, ses pleurs & mes regrets
M'apprendront quel retour je dois à tes bienfaits.
Adieu. *SCENE*

SCENE III.

EDOUARD, SUFFOLK, GARDES.

EDOUARD.

JE plains les maux de cette ame irritée.
Ah! prends pitié d'une ame encor plus tourmentée.
Cher ami, tout mon cœur est ouvert à tes yeux,
Tu l'as connu long-temps & noble & vertueux;
Peut-être il l'est encore, & fait pour toujours l'être....
De moi-même à ce point l'amour est-il le maître?
Cet amour jusqu'ici vainement combattu,
Dont rougit ma raison, dont frémit ma vertu,
Qui va marquer un terme à ma gloire flétrie,
Et qui pourtant, hélas! m'est plus cher que ma vie.
Tu dois t'en souvenir; tu sçais que dès le jour
Où ces attraits nouveaux brillerent dans ma Cour,
J'éprouvai, je sentis ce trouble inexprimable,
Ces premiers mouvemens d'un penchant indomptable,
Ces premiers feux d'un cœur qui n'avoit point aimé.
Surpris de mon état, de moi-même allarmé,
Je vis tous les dangers de ma folle tendresse.

Hélas ! sans la dompter on connoît sa foiblesse.
Tu vois ce que j'ai fait : j'ai craint que dans ces lieux
Le retour de Warwik ne traversât mes vœux.
J'ai frémi de me voir confus à ses approches,
Exposé sans défense à ses justes reproches.
Je hâte cet hymen : j'ai voulu prévenir
Ce moment pour mon cœur si rude à soutenir ;
Et ce cœur qui long-temps trembla près de l'abîme,
Pour finir ses combats, précipite son crime.

SUFFOLK.

Avez-vous sçu du moins, prêt à former ces nœuds,
Si cet objet si cher est sensible à vos feux ?

EDOUARD.

L'aimable Elisabëth au printemps de son âge,
Peut-être de l'amour ignorant le langage,
M'a fait voir, jusqu'ici dans sa timidité,
Ce trouble intéressant qui sied à la beauté ;
Moi-même, je l'avoue, interdit devant elle,
Rougissant malgré moi de mon erreur nouvelle,
Commençant des discours que je n'achevois pas,
Je n'ai presque parlé que par mon embarras.
Mais j'ai peine à penser qu'une plus chere flâme
Ait surpris sa jeunesse & me ferme son ame.
Elle a peu vu l'époux qui lui fut destiné.
On écoute sans peine un Amant couronné,
Offrant avec sa main le Sceptre d'Angleterre.
Enfin je l'aime assez pour apprendre à lui plaire.

Tragédie.

C'est Warwik qui produit mes troubles inquiets ;
Je songe à son courroux, & plus à ses bienfaits.
Je détruis dans ses mains les fruits de sa prudence,
Je l'expose lui-même aux mépris de la France.
Eh ! qui sçait, dans l'ardeur de ses ressentimens,
Jusqu'où peuvent aller ses fiers emportemens ?
Peut-être nos débats vont rallumer la guerre....
C'est un astre sanglant qui luit sur l'Angleterre.
De Lancastre & d'Yorck les partis opposés
Ont fait couler le sang des peuples écrasés.
L'Anglois environné du meurtre & des ravages,
A compté jusqu'ici ses jours par des orages.
A peine il semble enfin goûter quelque repos ;
Faut-il que je l'expose à des malheurs nouveaux ?
C'est en toi, cher Suffolk, que mon espoir réside.
Qu'aux remparts de Paris mon intérêt te guide ;
Vole & préviens Warwik ; ne lui déguise rien :
Va, mon cœur n'est pas fait pour abuser le sien ;
Peins-lui tout mon amour, mes feux & mon yvresse ;
Et si son amitié pardonne à ma foiblesse,
Qu'il éleve ses vœux à l'hymen de ma sœur,
Que ce nœud de plus près l'attache à ma grandeur.
Toujours l'ambition fut sa premiere idole ;
L'amour n'est à ses yeux qu'un prestige frivole.
Elisabeth sur lui n'a point cet ascendant
Qui feroit trop rougir son cœur indépendant,
Qui subjugue le mien trop flexible & trop tendre ;
A des nœuds plus brillants son orgueil va prétendre :
Oui, j'ose l'espérer.

B ij

SUFFOLK.

Mais Louis, irrité
De voir rompre l'hymen entre vous arrêté,
Peut demander bien-tôt raifon de cette injure.

EDOUARD.

Sans cet hymen forcé la paix peut fe conclure.
Trop occupé lui-même en fes propres Etats,
Il n'ira point donner le fignal des combats ;
Et pour affurer mieux la paix où je l'invite,
Je prétends, fans rançon, lui rendre Marguerite.
Cependant en mes mains je retiendrai fon Fils,
Rejetton dangereux, cher à mes ennemis.
Toi, ne perds point de temps.

SCENE IV.

EDOUARD, SUFFOLK, UN OFFICIER, GARDES.

L'OFFICIER.

Seigneur, Warwik arrive.
Le Peuple impatient s'empreffe fur la rive ;
On veut voir ce Héros trop long-temps attendu,
Que l'Europe contemple, & qui nous eft rendu.

EDOUARD.

(*L'Officier sort.*)

Il suffit. Laissez-nous. O Ciel ! quel coup de foudre !
Que pourrois-je lui dire, & que dois-je résoudre ?
Warwik est dans ces lieux ! ô soins trop superflus !
D'une vaine prudence, ô projets confondus !
Allons : à ses regards avant que de paroître,
Ami, viens éclairer, viens affermir ton Maître.
Ramenons sur mon front, que couvre la rougeur,
Cette tranquillité qui n'est point dans mon cœur.

Fin du premier Acte.

ACTE II.

SCENE PREMIERE.

WARWIK, SUMMER.

WARWIK.

JE ne m'en défends pas ; ces transports, cet hommage,
Tout ce peuple à l'envi volant sur le rivage,
Prêtent un nouveau charme à mes félicités :
Ces tributs sont bien doux quand ils sont mérités.
J'ai placé sur le Trône un Roi digne de l'être.
Londres ne verra plus son méprisable Maître,
Henri dans la langueur tombé presqu'en naissant,
Et d'une Epouse altiere esclave obéissant.
Entre deux Nations rivales & hautaines
Ma prudence du moins a suspendu les haînes :
Louis à notre Roi vient d'accorder sa sœur.
Du Trône d'Angleterre à peine possesseur,
Edouard, par mes soins, ne craint plus que la France
S'efforce de troubler sa nouvelle puissance.

Voilà ce que j'ai fait, Summer ; & je me vois
L'arbitre, la terreur & le soutien des Rois.

SUMMER.

Tous ces titres brillans vont s'embellir encore
Des faveurs dont l'amour vous comble & vous
  honore :
L'hymen d'Elisabeth promise à votre ardeur.....

WARWIK.

L'amour qu'elle m'inspire est digne d'un grand cœur.
Sur le point de former cette chaîne si belle,
L'intérêt de mon Roi soudain m'éloigna d'elle.
Je reviens à ses piés plus grand, plus glorieux.
Quelqu'un vient : C'est le Roi qui marche vers ces
  lieux.
Cours chez Elisabeth ; mon ame impatiente
Va hâter le moment de revoir mon Amante.

SCENE II.

EDOUARD, WARWIK, GARDES.

WARWIK.

Vos desseins sont remplis, vos vœux sont satisfaits ;
Sire, j'apporte ici l'alliance & la paix.

L'hymen y joint ses nœuds : une illustre Princesse,
Digne par les vertus qui parent sa jeunesse
De fonder l'union de deux Rois tels que vous,
Va traverser les mers pour chercher son Epoux.
Louis me l'a promis ; & votre ami fidele,
Warwik est trop heureux de vous prouver son zele,
Par des soins vigilans, autant que par son bras,
Et dans la Cour des Rois, comme dans les combats.

EDOUARD.

Je sçais ce que mon cœur doit de reconnoissance
A ce zele constant qui fonde ma Puissance :
Mais, pour ne rien cacher de l'état où je suis,
Le sort ne permet pas que j'en goûte les fruits.
Je serai, sans former cette chaîne étrangere,
Allié de Louis, mais non pas son beau-frere.

WARWIK.

Comment !.... Daignez au moins m'expliquer ce
    discours.
De vos premiers desseins qui peut troubler le cours ?
Quoi ! les oubliez-vous ? Et la France offensée
Verra-t-elle ?......

EDOUARD.

En un mot j'ai changé de pensée ;
Je ne puis à ce point forcer mes sentimens.

WARWIK.

Mais songez que Louis a reçu vos sermens,

Que j'ai reçu les siens ; & que Warwik, peut-être,
N'est pas un vain garant de la foi de son Maître.
EDOUARD.
Si je romps cet hymen entre nous préparé,
J'en dois compte à Louis, & je le lui rendrai :
Mais de ces tristes nœuds mon ame détournée
Etablit ses projets sur un autre hymenée.
Il n'y faut plus songer.
WARWIK.
    Eh ! quels nœuds aujourd'hui
Peuvent vous assurer un plus solide appui ?
Quel traité plus utile ?
EDOUARD.
    Eh quoi ! la politique
M'imposera toujours un fardeau tyrannique ;
Et de mes intérêts esclave ambitieux,
Je serai toujours Grand, sans jamais être heureux !
Je déteste ces Loix, & mon cœur les abjure.
WARWIK.
Qu'entends-je ! Est-ce l'amour qui vous rendroit
   parjure ?
Quoi ! de vos ennemis à peine encor vainqueur,
Le Trône a-t-il déja corrompu votre cœur.
Edouard, écoutant de frivoles tendresses,
S'est-il déja permis de sentir des foiblesses ?
Et parmi les périls renaissans chaque jour,
Avez-vous donc appris à céder à l'amour ?

Ce n'est point à ces traits qu'on doit vous reconnoître.
Un moment à ce point n'a pû changer mon Maître ;
Non, je ne le crois pas ; & sans doute son cœur,
A la voix d'un ami, va sentir son erreur.

EDOUARD.

(à part.)   (haut.)

Ah ! je suis déchiré. Non, Warwik, cette flamme,
(J'ose au moins m'en flatter,) n'a point flétri mon ame ;
Et vous devez penser que ce cœur malheureux,
Ce cœur foible une fois, peut être généreux.
Non, monté sur un Trône entouré de ruines,
Et des feux mal éteints des guerres intestines,
Je ne me livre point à ces égaremens,
Des Princes amollis lâches amusemens.
D'un sentiment profond j'éprouve la puissance....
Votre seule amitié me rend quelque espérance....
Warwik... Ah ! si pour moi... vous sçaurez mes desseins,
Et vous-même aujourd'hui réglerez mes destins.

SCENE III.

WARWIK *seul*.

O CIEL ! à ce retour aurois-je dû m'attendre ?
Quel est ce changement que je ne puis comprendre ?
Quel objet tout-à-coup a donc surpris sa foi ?
Me trompé-je ? La Reine avance ici vers moi !
Quoi ! de son Ennemi cherche-t-elle la vûe ?

SCENE IV.

MARGUERITE, WARWIK.

MARGUERITE.

MOn approche en ces lieux est sans doute imprévûe.
Vous êtes étonné qu'au sein de mon malheur
Je puisse sans frémir en aborder l'auteur :
Mais un motif pressant auprès de vous m'amene.
Je vous vois revenu des rives de la Seine ;
Et sans doute vos soins achevent le traité.
M'apprendrez-vous au moins quel espoir m'est resté ?
Si l'on finit mes maux, si Louis s'intéresse

A la captivité d'une triste Princesse ?
Aux intérêts nouveaux à vous seuls confiés,
Mon Fils & mon Epoux sont-ils sacrifiés ?

WARWIK.

Vous sçaurez votre sort, il dépend de mon Maître.
Mais ce traité, Madame, est incertain peut-être.
Un jour, vous le sçavez, apporte quelquefois
D'étranges changemens dans les projets des Rois.

MARGUERITE.

Edouard pourroit-il rejetter l'alliance
Que lui-même par vous proposoit à la France ?
On dit que dans son cœur l'amour le plus ardent
Prend depuis quelques jours un suprême ascendant.
Pourriez-vous l'ignorer ?

WARWIK, *à part.*

   Que faut-il que je pense ?
A-t-il fait de ses feux éclater l'imprudence ?

MARGUERITE.

On dit plus, & peut-être allez-vous en douter ;
On dit que cet objet, qu'il eût dû respecter,
Avoit promis sa main, gage d'un feu sincere,
Au plus grand des Guerriers qu'ait produit l'Angleterre,
A qui même Edouard doit toute sa Grandeur ;
Qu'Edouard lâchement trahit son Bienfaiteur ;
Que, pour prix de son zele & d'une foi constante,

Il lui ravit enfin ſa Femme & ſon Amante.
Ce ſont-là ſes projets, ſes vœux & ſon eſpoir;
Et c'eſt Eliſabeth qu'il épouſe ce ſoir.

WARWIK.

Eliſabeth! ô ciel!.... Non, je ne puis le croire.
Le Roi conſerve encor quelque ſoin de ſa gloire.
On n'eſt pas à ce point, lâche, perfide, ingrat;
Il ne veut point ſe perdre, & lui-même, & l'Etat.
Il ſçait ce que je puis; il connoît mon courage :
Edouard juſques-là n'a point pouſſé l'outrage;
Il ne l'a pas oſé.

MARGUERITE.

                Bien-tôt vous connoîtrez
Si j'en crois ſur ce point des bruits mal aſſurés;
Bien-tôt.....

WARWIK.

           Je puis du moins ſoupçonner votre haine.
Vous voulez que vers vous la fureur me ramene;
Vous venez dans mon cœur enfoncer le poignard....
Mais la confuſion, le trouble d'Edouard.....
De tant d'ingratitude, ô Ciel! eſt-on capable?

MARGUERITE.

Pourquoi trouveriez-vous ce récit incroyable?
Lorſque l'on a trahi ſon Prince & ſon devoir,
Voilà, voilà le prix qu'on en doit recevoir.
Si Warwik eût ſuivi de plus juſtes maximes,
S'il eût cherché pour moi des exploits légitimes,

Il me connoît assez pour croire que mon cœur
D'un plus digne retour eût payé sa valeur.
Adieu. Dans peu d'instans vous pourrez reconnoître
Ce qu'a produit pour vous le choix d'un nouveau
 Maître.
Vous apprendrez bien-tôt qui vous deviez servir ;
Vous apprendrez du moins qui vous devez haïr.
Je rends grace au destin : oui sa faveur commence
A me faire aujourd'hui goûter quelque vengeance,
Et j'ai vû l'ennemi qui combattit son Roi
Puni par un ingrat qu'il servit contre moi.

SCENE V.

WARWIK seul.

JE rejette un soupçon peut-être légitime....
Ah ! mon cœur n'est pas fait pour concevoir un
 crime.
Je n'ai pas dû penser, quand j'allois le servir,
Que mon Roi, mon ami fût prêt à me trahir.

SCENE VI.

WARWIK, SUMMER.

SUMMER.

Oserai-je annoncer ce que je viens d'apprendre ?
Elifabeth.....

WARWIK.

    Arrête. Ah ! je crains de l'entendre.
Si tu viens confirmer ces horribles récits.....
Eh bien ? Elifabeth ?.... Acheve. Je frémis.

SUMMER.

Elifabeth, Seigneur, va vous être ravie.
C'eft d'elle que j'ai fçu toute la perfidie,
Les indignes complots préparés contre vous.
Edouard veut ce foir devenir fon Epoux ;
Et fon Pere, ébloui de ce rang fi funefte,
Abandonne fa Fille aux nœuds qu'elle détefte.
Elle cherche l'inftant de vous entretenir.

WARWIK.

De cet excès d'horreur je ne puis revenir.
Allons, je ne prends plus que ma rage pour guide ;
Et je veux qu'Edouard.... Je l'aimois le perfide !
Je fens pour le haïr qu'il en coûte à mon cœur......

Peut-on porter plus loin la fourbe & la noirceur?

SUMMER.

Il ne peut sans vous perdre obtenir ce qu'il aime ;
Il doit vous redouter ; redoutez le lui-même.
Si de vos intérêts vous écoutez la loi.....

WARWIK.

Que d'affronts réunis ! Etoient-ils faits pour moi ?
Ah ! qu'un vil Courtisan, qu'un Pere impitoyable
Envers sa Fille & moi se soit rendu coupable,
Qu'il ait conçu l'espoir, en me manquant de foi,
De briller près du Trône à côté de son Roi ;
J'excuse avec mépris sa basse complaisance ;
Je le dédaigne trop pour en tirer vengeance.
Mais que, plus criminel & plus lâche en effet,
Edouard sans rougir.... Il le veut... C'en est fait.
O toi, par tes sermens, à mon sort enchaînée,
O chere Elisabeth à mes vœux destinée,
Cieux, témoins des transports de Warwik outragé,
Je jure ici par vous que je serai vengé ;
Entendez le serment que ma bouche prononce,
Signal affreux des maux que ma fureur annonce.

SCENE

SCENE VII.
WARWIK, ELISABETH.
WARWIK.

AH! Madame, venez enflammer mon courroux;
Mon amour, ma vengeance avoient besoin de vous.
Tous deux en vous voyant s'irritent dans mon ame.
J'ai sçu de mon Rival l'audacieuse flamme,
J'ai sçu tous ses projets; & je connois trop bien
Les vertus de ce cœur qui triompha du mien,
Pour croire qu'il ait pû, s'avilissant lui-même,
Sacrifier Warwik à la Grandeur suprême.
Un lâche à son amour alloit vous immoler;
Mais Warwik est ici; c'est à lui de trembler.
Le Ciel m'a ramené pour prévenir le crime.
Ne craignez plus qu'ici son pouvoir vous opprime.
C'est moi qui vous défends, moi qui veille sur vous,
Moi qui suis votre appui, votre Amant, votre Epoux,
Votre vengeur encore; & vous allez connoître
Si Warwik aisément est le jouet d'un traître.
S'il est ou dangereux, ou sensible à demi,
S'il confond un ingrat comme il sert un ami.

ELISABETH.

De mon Pere, il est vrai, l'injuste tyrannie

A ces triftes liens a condamné ma vie ;
Et mon cœur, loin de vous, vous adreffoit, hélas !
Des regrets impuiffans que vous n'entendiez pas.
Je demandois Warwik : dans mon impatience
Ma voix vous appelloit des rives de la France,
Et votre Elifabeth, dans l'horreur de fon fort,
Au défaut de Warwik, eût imploré la mort.
Enfin je vous revois, vous effuyez mes larmes ;
Je ne puis cependant vous cacher mes allarmes.
Je crains que le tranfport de ce cœur indompté
Avec trop d'imprudence ici n'ait éclaté ;
Que ces cris menaçans....

WARWIK.

Qui pourroit me contraindre ?
Quand je fuis offenfé, c'eft moi que l'on doit craindre.
Eh ! quel péril pour moi pouvez-vous redouter ?
Un pouvoir que j'ai fait peut-il m'épouvanter ?
Me verrai-je braver aux yeux de l'Angleterre ?
On dira que Warwik fi vanté dans la guerre,
Ce Mortel renommé, fameux par tant d'exploits,
Qui créa, qui fervit, qui détruifit des Rois,
Infidele à fa gloire autant qu'à fa tendreffe,
N'a fçu ni conferver, ni venger fa Maîtreffe....
Je rougis d'y penfer.... Non, non ; je puis encor
Difpofer de l'Etat, & commander au fort,
A Lancaftre abattu rendre fon héritage,
Renverfer Edouard, & brifer mon ouvrage.

ELISABETH.

Warwik.... Ah ! cher Amant ! Hélas ! il m'eft bien
doux

De sentir à quel point je puis regner sur vous.
C'est mon seul intérêt que votre amour embrasse;
C'est pour moi qu'il frémit, c'est pour moi qu'il menace.
A mon cœur éperdu vous rendez le repos;
Eh! connoît-on la crainte à côté d'un Héros?
Mais pourquoi présenter à mon ame attendrie
Le spectacle effrayant des maux de ma Patrie?
Quoi! ne pouvez-vous rien sur le cœur d'Edouard,
Sans aller de la guerre arborer l'étendart?
Un ami tel que vous n'a-t-il pas droit d'attendre
Que sa présence seule?....

WARWIK.

Eh! qu'en puis-je prétendre?
N'a-t-il pas devant moi hautement abjuré
Cet hymen glorieux par moi seul préparé?
Il suit aveuglément ses amoureux caprices.
Envers moi, s'il se peut, comptez ses injustices
Et les crimes d'un cœur à son amour soumis,
Pour qui tous les devoirs semblent anéantis.
Tandis, que loin de vous, pour lui, pour sa puissance,
Je m'expose aux ennuis d'une cruelle absence,
Que fait-il cependant? Comment m'a-t-il traité?
Il me rend le jouet de sa légéreté,
Il me fait vainement engager ma parole,
Et signer un traité frauduleux & frivole;
C'est peu: qui choisit-il enfin pour m'outrager?
Non, sans frémir encor, je ne puis y songer.

C ij

C'est l'objet, le seul bien dont mon ame est jalouse,
Le prix de mes travaux, c'est vous, c'est mon
    Epouse.
Ah! cet enchaînement, ce tissu de noirceurs
Ajoûte à chaque instant à mes justes fureurs.
Il en verra l'effet, il faut qu'il soit terrible.
Je suis, je suis encor ce Warwik invincible,
J'ai pour moi l'équité, mon nom & mes exploits,
Je paroîtrai dans Londre, on entendra ma voix.
On verra d'un côté l'appui de l'Angleterre,
Warwik de ses travaux demandant le salaire,
Indigné des affronts qu'il n'a point mérités,
Et de l'ingrat Yorck contant les lâchetés;
Et de l'autre on verra, confus en ma présence,
Edouard aux Grandeurs conduit par ma vaillance;
Qui sans moi, dans l'exil ou la captivité,
Cacheroit sa misere & son obscurité.
Ce peuple est généreux, il m'aime, & l'on m'offense :
Entre Edouard & moi pensez-vous qu'il balance ?

ELISABETH.

Ecoutez-moi, Warwik. Votre cœur ulcéré
Dans ses emportemens est peut être égaré.
Je ne puis croire encor Edouard inflexible;
A la gloire, aux vertus, vous l'avez vû sensible.
Sans doute il ne sçait pas, en demandant ma foi,
Combien ce joug brillant seroit affreux pour moi.
Mes larmes n'ont coulé que sous les yeux d'un pere;
J'ai craint de trop braver les traits de sa colere,

Si devant Edouard j'eusse attesté les nœuds
Dont l'amour dès long-tems nous enchaînoit tous deux.
Mais j'oserai parler : il sçaura mes promesses,
J'avouerai sans rougir l'excès de mes tendresses ;
Il sçaura que l'instant où j'irois à l'Autel
Seroit pour moi l'arrêt d'un malheur éternel.
Eh ! quel homme jamais, plein d'un amour extrême,
D'un pouvoir tyrannique accable ce qu'il aime,
Et brigue lâchement cet horrible plaisir
De déchirer un cœur qu'il ne peut attendrir ?
Edouard à ce point ne peut être barbare :
Son cœur sera touché des maux qu'il me prépare.
Laissez-moi cet espoir, & ne présentez plus
Un avenir horrible à mes sens éperdus ;
Laissez-vous désarmer à ma voix suppliante,
Et cédez sans rougir aux pleurs de votre Amante.

WARWIK.

Eh bien ! vous le voulez, & pour quelques momens
Je suspendrai l'ardeur de mes ressentimens :
Vous seule sur mon ame avez pris cet empire.
Mais si n'écoutant rien que l'amour qui l'inspire,
Edouard aujourd'hui persiste à m'outrager,
Je ne le connois plus, & je cours me venger.

Fin du second Acte.

ACTE III.

SCENE PREMIERE.
MARGUERITE, NEVIL.
MARGUERITE.

Tout semble confirmer l'espoir dont je me flatte,
Entre mes ennemis déja la haine éclate.
Warwik est furieux, & mon adresse encor
A sçu de son courroux échauffer le transport.
Je sçaurai faire plus ; je sçaurai le conduire.
J'ai frémi d'un projet dont on vient de m'instruire.
Il veut voir Edouard : ce fatal entretien
Pourroit anéantir mon espoir & le sien.
Le Comte est violent, & sa superbe audace
Osera prodiguer l'injure & la menace :
Déja contre Edouard il brûle d'éclater.
Moi, je veux le détruire, & non pas l'insulter.
J'attends ici Warwik, je veux que la prudence,
éclairant son courroux, assure ma vengeance.

NEVIL.
Peut-il, de vos amis à peine secondé,

Renverser un pouvoir que lui-même a fondé ?
MARGUERITE.
Va, pour renouveller nos sanglantes querelles,
Un souffle peut encor tirer des étincelles
Du feu qui vit sans cesse au sein de ces climats,
Et qu'ont nourri trente ans de haine & de combats.
Londres ne peut goûter qu'une paix passagere :
Tout rappelle déja la discorde & la guerre.
Ne crois pas qu'Edouard triomphe impunément.
Mets-toi devant les yeux ce long enchaînement
De meurtres, de forfaits, dont la guerre civile
A, depuis si long-temps, épouvanté cette Isle.
Songe au sang dont nos yeux ont vu couler des flots,
Sous le fer des Soldats, sous le fer des Bourreaux ;
Ou d'un pere, ou d'un fils, chacun pleure la perte,
Et d'un deuil éternel l'Angleterre est couverte.
De vingt mille proscrits les malheureux enfans
Brûlent tous en secret de venger leurs parens.
Ils ont tous entendu, le jour de leur naissance,
Autour de leur berceau le cri de la vengeance.
Tous ont été depuis nourris dans cet espoir ;
Et pour eux, en naissant, le meurtre est un devoir.
Je te dirai bien plus ; le sang & le ravage
Ont endurci ce peuple, ont irrité sa rage ;
Et depuis si long-temps au carnage exercé,
Il conserve la soif du sang qu'il a versé.
Oui, de Lancastre ici le parti peut renaître.
Ce dangereux Sénat qui veut parler en maître,
Mais qui du plus heureux suivant toujours la loi,

Trembloit devant Warwik, en proscrivant son Roi;
Qui n'a sçu qu'outrager une Reine impuissante,
Fléchira devant moi, s'il me voit triomphante.
Le farouche Ecossois, que l'on veut opprimer,
Qui contre ses Tyrans est tout prêt à s'armer,
Et du haut de ses monts, contre un joug qui l'offense
Lutte & défend encor sa fiere indépendance;
Ce peuple qu'en secret je souleve aujourd'hui,
A mes justes desseins prêtera son appui.

NEVIL.

Ainsi donc de Warwik si long-temps ennemie,
L'intérêt vous rapproche & vous réconcilie.
Croirai-je que, touché de ses nouveaux bienfaits,
Ce cœur ait oublié les maux qu'il vous a faits?

MARGUERITE.

Non. J'ai par le malheur appris à me contraindre;
Je sçais cacher ma haine, & ne sçais point l'éteindre.
Si Warwik aujourd'hui, pour se venger du Roi,
Veut relever Lancastre, & s'unir avec moi,
Je sçais apprécier ce retour politique.
Je ne souffrirai point qu'un Sujet despotique,
De l'Etat avili bravant toutes les loix,
Ait le droit insolent d'épouvanter ses Rois:
Ni qu'en servant son Maître il apprenne à lui nuire.
Edouard aujourd'hui suffit pour m'en instruire.
Je ne puis oublier cet exemple récent;
Et je sçais comme on traite un Sujet trop puissant.

Mais on vient, & Warwik sans doute ici s'avance....
C'est le Roi.... Viens, Nevil; évitons sa présence.

SCÈNE II.
EDOUARD, SUFFOLK, GARDES.
EDOUARD.

Tu le vois; désormais tout espoir est perdu :
Par des emportemens Warwik t'a répondu.
Tout sert à m'irriter, & mon chagrin redouble.
Ne pourrai-je à la fin sortir d'un si long trouble ?
Il faut m'en délivrer : que l'on nous laisse ici.
Qu'on éloigne sur-tout Warwik.... Ciel !

SCENE III.

EDOUARD, WARWIK, SUFFOLK, GARDES.

WARWIK *entrant brusquement.*

Le voici.
Je ne m'attendois pas, Seigneur, que la fortune
Dût vous rendre si-tôt ma présence importune ;
Que jamais contre moi le courroux du Destin,
Pour préparer ses traits, empruntât votre main.
Je n'ai pû le penser ; je n'ai pû le comprendre :
Enfin de votre part il m'a fallu l'entendre.
C'est ainsi que par vous je suis récompensé !
Voilà le sort brillant qui me fut annoncé,
Ce bonheur & ces jours de gloire & de délices,
Appanage éclatant promis à mes services !
Rappellez-vous ici ce jour, ce jour affreux,
Ce combat si funeste & ces champs malheureux,
Où, du Destin cruel éprouvant la colere,
Sur des monceaux de morts expira votre pere.
Tout couvert de son sang, & combattant toujours,
Le fer des ennemis alloit trancher vos jours.
Je volai jusqu'à vous ; je me fis un passage ;
Mon bras ensanglanté vous sauva du carnage ;
Et bien-tôt sur mes pas, aidé de mes amis,

De vos Guerriers vaincus j'assemblai les débris.
» Warwik, me disiez-vous, prends soin de ma
     » jeunesse :
» C'est dans tes mains, Warwik, que le Destin me
     » laisse.
» Sois mon guide & mon pere, & je serai ton fils.
» Conduis-moi vers ce trône où je dois être assis.
» Viens, combats, & soit sûr que ma reconnoissance
» Te fera plus que moi jouir de ma puissance.
Tels étoient vos discours ; je les crus, & ma main
S'arma pour vous venger, & changea le destin.
Je vis fuir devant moi cette Reine terrrible ;
J'acquis, en vous servant, le titre d'invincible.
Sans doute qu'à vos yeux de si rares bienfaits,
Ne pouvant s'acquitter, passent pour des forfaits.
Mais du moins envers vous je n'en commis point
     d'autres.
Je frémirois ici de retracer les vôtres.
Vous avez tout trahi, l'honneur & l'amitié,
Barbare ! & c'est ainsi que vous m'avez payé.

EDOUARD.

Modérez devant moi ce transport qui m'offense ;
Vantez moins vos exploits ; j'en connois l'impor-
     tance :
Mais sçachez qu'Edouard, arbitre de son sort,
Auroit trouvé, sans vous, la victoire ou la mort.
Vous n'en pouvez douter ; vous devez me connoître.
Eh ! quels sont donc enfin les torts de votre Maître ?
Je vous promis beaucoup ; vous ai-je donné moins ?

Le rang où près de moi vous ont placé mes foins,
L'éclat de vos honneurs, vos biens, votre puissance
Sont-ils de vains effets de ma reconnoissance ?
Il est vrai ; j'ai cherché l'hymen d'Elisabeth.
N'ai-je pu faire au moins ce qu'a fait mon sujet ?
Et m'est-il défendu d'écouter ma tendresse,
De brûler pour l'objet où votre espoir s'adresse ?
Que me reprochez-vous ? Suis-je injuste ou cruel ?
L'ai-je, comme un Tyran, fait traîner à l'autel ?
Je me suis, comme vous, efforcé de lui plaire ;
Je me suis appuyé de l'aveu de son pere ;
J'ai demandé le sien ; & , s'il faut dire plus,
Elle n'a point encor expliqué ses refus.
Laissez-moi jusques-là me flatter que ma flamme,
Que mes soins, mes respects, n'offensent point son
   ame ;
Et qu'un cœur qui du vôtre a mérité les vœux
Peut être, malgré vous, sensible à d'autres feux.

WARWIK.

Quand vous n'auriez pas sçu, puisqu'il faut vous
   l'apprendre,
Que nos cœurs sont unis par l'amour le plus tendre,
J'avois cru (je veux bien l'avouer entre nous)
Avoir acquis des droits assez puissans sur vous,
Pour ne vous voir jamais essayer de séduire
L'objet qui m'a sçu plaire, & le seul où j'aspire.
Je me suis bien trompé ; je le vois : mais enfin
Il reste à mon amour un espoir plus certain.

Sur le choix de mon cœur vous pouvez entreprendre ;
Je dois en convenir : mais je puis le défendre.
Vous n'avez pas pensé sans doute qu'aujourd'hui
L'Amante de Warwik demeurât sans appui.
Jamais Elifabeth ne me fera ravie ;
Ou vous ne l'obtiendrez qu'aux dépens de ma vie.
Jamais impunément je ne fus offenfé.

EDOUARD.

Jamais impunément je ne fus menacé ;
Et fi d'une amitié qui me fut long-tems chere
Le fouvenir encor n'arrêtoit ma colere,
Vous en auriez déja reffenti les effets.....
Peut-être cet effort vaut feul tous vos bienfaits.
Ne pouffez pas plus loin ma bonté qui fe laffe,
Et ne me forcez pas à punir votre audace.
Edouard peut d'un mot venger fes droits bleffés ;
Et fût-il votre ouvrage, il eft Roi : c'eft affez.

WARWIK.

Oui, j'aurois dû m'attendre à cet excès d'injure :
Toujours le fang d'Yorck fut ingrat & parjure.
Mais du moins.....

EDOUARD.

C'en eft trop. Holà, Gardes, à moi.
(Ils environnent Warwik.)

WARWIK.

Lâches, n'avancez pas : craignez Warwik. Et toi,
Toi qui me réservois cet horrible salaire,
Immole le Guerrier qui t'a servi de Pere.
Prends ce fer de ma main ; frappe un cœur que tu hais :
Va, tu peux d'un seul coup payer tous mes bienfaits.
Frappe, dis-je.

(*Il jette son épée aux pieds du Roi.*)

SCENE IV.

EDOUARD, WARWIK, ELISABETH, SUFFOLK, GARDES.

ELISABETH.

Que vois-je ? O Ciel ! O jour funeste !
Hélas ! par vos vertus, par ce Ciel que j'attefte,
Écoutez moi, Seigneur..... C'eft moi qu'il faut punir
De ces triftes débats que j'ai dû prévenir.
Oui, j'aurois dû plutôt, vous découvrant mon ame,
Etouffer dans la vôtre une imprudente flamme ;
Et fi l'amour, hélas ! vous foumet à fa loi,
Vous fentez trop, Seigneur, ce qu'il a pû fur moi.
Oui, j'aimois dans Warwik ce vertueux courage,
Dont je l'ai vû pour vous faire un fi noble ufage ;
Mon cœur, dans ce penchant par vous-même affermi,
Dans cet illuftre Amant chériffoit votre ami.

WARWIK.

Vous croyez l'attendrir ; vous vous trompez, Madame.
Cet aveu, je le vois, irrite encor fon ame ;

Et livré tout entier à sa funeste ardeur,
Il voudroit accabler son triste bienfaiteur.
Il voudroit à l'Autel vous traîner sur ma cendre :
C'est mon sang qu'il lui faut, qu'il brûle de ré-
  pandre.
Mais avant qu'à vos yeux il puisse s'y plonger,
J'en puis verser peut-être assez pour me venger.
Adieu.
        (*Il sort.*)

EDOUARD *aux Gardes.*

  Suivez ses pas ; allez, & qu'on l'arrête ;
Qu'on l'enferme à la Tour.

ELISABETH.

      Quel orage s'apprête !
Qu'allez-vous ordonner ? Qu'allez-vous faire, ô
  Ciel !
L'amour étoit-il fait pour vous rendre cruel ?

EDOUARD.

Non. Je veux prévenir une révolte ouverte ;
Je veux son châtiment, & ne veux point sa perte.
Votre cœur devant moi s'est pour lui déclaré ;
Le mien est par vous deux tour à tour déchiré.
Bravé par un Sujet, & haï de vous-même,
J'aurois pu tout permettre à ma fureur extrême.
Peut-être j'aurois dû, dans son coupable sang,
Laver l'indigne affront qu'il faisoit à mon rang.
Mais mon cœur frémiroit d'un transport si féroce ;
        L'amour

L'amour ne m'apprend point cette vengeance atroce;
Et dans les mouvemens dont je suis combattu,
Je sçais entendre encor la voix de la vertu.
Vous le voyez, Madame ; & du moins votre Maî-
    tre,
S'il n'est aimé de vous, étoit digne de l'être.

ELISABETH.

Eh ! bien ; si la vertu commande à votre cœur,
De vons-même aujourd'hui sçachez être vainqueur.
Oubliez d'un Amant l'imprudence excusable.
Ah ! Warwik à vos yeux peut-il être coupable ?
Et pourriez-vous haïr un Héros votre appui ?
S'il vous ose outrager, soyez grand plus que lui ;
Osez lui pardonner : pour punir une offense
La générosité peut plus que la vengeance.
Sans prétendre à ma foi, sans lui disputer rien,
Faites-vous applaudir d'un cœur tel que le mien ;
Et remportant sur vous cette illustre victoire,
Au-dessus de Warwik élevez votre gloire ;
Et ne m'imposez plus que cette heureuse loi
D'adorer mon Amant, & d'admirer mon Roi.

EDOUARD.

Qui ? moi ! lorsqu'un Sujet me brave & me menace,
J'irois récompenser sa criminelle audace !
Et je pourrois ici....

SCENE V.

EDOUARD, ELISABETH, SUFFOLK, GARDES.

SUFFOLK.

Le Comte est arrêté ;
Même en obéissant il gardoit sa fierté.
Ses regards menaçans annonçoient la vengeance.
Il a suivi mes pas dans un morne silence :
Mais ce peuple qui l'aime, & dont il fut l'appui,
Paroissoit murmurer & s'émouvoir pour lui.

EDOUARD *à Elisabeth.*

Eh bien ! vous l'entendez, & le sort implacable
Ajoûte à tout moment au malheur qui m'accable.
(*à Suffolk.*)
J'en sçautai triompher. Va, ne crains rien pour moi.
Si Londres se souleve, il connoîtra son Roi.
De mes Gardes ici rassemble les cohortes ;
Que par-tout du Palais ils occupent les portes.
L'audacieux Warwik espere vainement
M'épouvanter des cris de ce peuple insolent.
(*à Elisabeth.*)
Vous ne le verrez point l'emporter sur son Maître.
C'est cet amour fatal que vous avez fait naître,
Qui, remplissant ce cœur de vous seul occupé,
Empoisonne les traits dont le sort m'a frappé.

SCENE VI.

ELISABETH *seule*.

Malheureuse ! Voilà ce qu'ont prévu mes craintes.

SCENE VII.

MARGUERITE, ELISABETH.

MARGUERITE.

Quoi ! vous arrêtez-vous à d'inutiles plaintes,
Quand votre Amant aux fers demande des vengeurs ?
L'Amante de Warwik lui doit plus que des pleurs.
Si vous l'aimez, Madame, ayez tout son courage ;
Secondez les efforts où pour lui je m'engage :
Armez ici tous ceux que l'amitié, le rang,
Ou quelque autre intérêt attache à votre Sang ;
Et que tous réunis......

ELISABETH.

C'en est assez, Madame.
Je vois trop les desseins dont s'occupe votre ame,
Et ce que pour Warwik ce grand zele a produit.

Voilà, voilà, Madame, où vous l'avez conduit.
Il n'est que trop ardent, & vous avez encore
Fait passer dans son cœur le fiel qui vous dévore.
Ses malheurs & les miens servent à vos projets.....
Nous n'avons pas ici les mêmes intérêts ;
Et, malgré vos efforts, seule je puis, peut-être,
Réparer tous les maux que vous avez fait naître,
Et j'y cours.

SCENE VIII.

MARGUERITE seule.

Saisissons des momens précieux.
Yorck épargne encor un sujet orgueilleux.
Il ne portera pas un arrêt trop sévere....
Rarement la jeunesse est dure & sanguinaire.
Ce n'est que par le tems que l'on sçait s'endurcir
Dans les devoirs cruels & dans l'art de punir.
J'aurai pour moi Warwik, & Warwik qu'on offense.
Il faut le délivrer ; qu'il serve ma vengeance.
A son sort aujourd'hui je dois joindre le mien ;
Quand j'aurai triomphé, j'ordonnerai du sien.

Fin du troisiéme Acte.

ACTE IV.

La Scene est dans la Prison.

SCENE PREMIERE.

WARWIK seul.

JOur affreux, jour d'opprobre ! Après vingt ans de gloire !
Quoi ! je suis dans les fers ! ah ! l'aurois-je pû croire,
Qu'Edouard, se portant à ce terrible éclat,
Exposeroit ainsi son Trône & son Etat ?
Que dis-je ? Il connoît mieux ce peuple & sa foiblesse.
Est-ce ainsi que pour moi son zele s'intéresse ?
Vient-il briser mes fers ? M'a-t-il vengé du Roi ?
A l'exemple d'Yorck, tout est ingrat pour moi.
Un jour, un jour, du moins, avec plus de puissance...
Malheureux ! dans les fers peut-on crier vengeance ?
Il me semble, à ce mot, que ces murs odieux
M'accablent de ma honte & repoussent mes vœux ;
Et mes cris, en frappant ces voûtes effrayantes,

Les fatiguent en vain de plaintes impuissantes.
Mais quel ressouvenir vient m'étonner soudain !
Quel changement, ô Ciel ! & quels jeux du Destin !
Pour l'orgueil des humains leçon rare & terrible !
C'est dans ces mêmes lieux, dans cette Tour horrible,
Qu'à vivre dans les fers par moi seul condamné
Le malheureux Henri languit abandonné.
L'oppresseur, l'opprimé n'ont plus qu'un même asyle.
Hélas ! dans son malheur il est calme & tranquille ;
Il est loin de penser qu'un revers plein d'horreur
Enchaîne près de lui son superbe vainqueur.

SCENE II.

WARWIK, SUMMER.

WARWIK.

QUE vois-je ? Se peut-il ? Eh ! quel bonheur extrême ! ....
Qui t'amene en ces lieux ?

SUMMER.

L'ordre du Roi lui-même.
Je l'aborde en tremblant ; Elisabeth en pleurs
Faisoit parler pour vous la voix de ses douleurs.
» Votre ami, m'a-t-il dit, peut mériter sa grace ;

» Mais il faut qu'il apprenne à fléchir son audace.
» Allez l'y préparer.... Je n'ai point sçu, Seigneur,
A quel point il prétend abaisser votre cœur.
Je le connois ce cœur, & je sçais qu'on l'outrage :
Je ressens tous vos maux ; comptez sur mon cou-
            rage.
Elevé près de vous, nourri dans les combats,
Où j'appris si souvent à vaincre sur vos pas,
A quelque extrémité que le Destin vous livre,
Mon sort est d'être à vous ; ma gloire est de vous
            suivre.
Commandez ; je vous sers.

WARWIK.

                    Ami, tu vois mon sort.
J'ai trop suivi peut-être un indiscret transport,
Aux yeux d'un Prince ingrat, forfait inexcusable :
Mais tu sçais qui de nous est en effet coupable.
Yorck m'a tout ravi jusqu'à ma liberté.
L'affront que je reçois fait gémir ma fierté.
Déja le désespoir dont mon ame est saisie
Eût épuisé ma force, eût consumé ma vie,
Si la vengeance avide, & si chere à mon cœur,
N'eût ranimé mes sens flétris par la douleur.
Ah ! comble cet espoir qui console mon ame,
Cher ami ; remplis-toi de l'ardeur qui m'enflamme :
Cours embrâser les cœurs de ce peuple incertain ;
Va, retrace à leurs yeux l'horreur de mon destin.
Dis que des fers honteux enchaînent ma vaillance ;

D iv

Que je n'attends plus rien que de leur affistance ;
Et s'il faut encor plus pour m'affurer leur foi,
Dis que le fier Warwik a pleuré devant toi.
Eh ! comment ces Anglois pour moi fi pleins de zele
Peuvent-ils balancer à venger ma querelle ?
Des droits que j'ai fur eux eft-ce là tout l'effet ?
Et Marguerite enfin ?....

SUMMER.

Elle agit & fe tait.

J'attends tout de fes foins : elle amaffe en filence
Les traits que par fes mains doit lancer la vengeance.
Ses fecrets Partifans, vos amis & les fiens,
Echauffent par degrés le cœur des Citoyens ;
Et tous par elle-même inftruits dans l'art des brigues,
Dans ces murs allarmés, ont femé leurs intrigues.
Ils difent qu'Edouard vient d'ôter aux Anglois
Un repos néceffaire, & l'efpoir de la paix ;
Qu'il attire fur eux les armes de la France ;
Qu'ils vont de tout leur fang payer fon imprudence.
Votre affront les irrite, & je crois qu'en effet....

WARWIK.

Ah ! qu'ils arment mon bras, & je fuis fatisfait.
Suivi des plus hardis pénetre cette enceinte :
Si je fuis à leur tête, ils marcheront fans crainte.
J'irai vers Edouard, & nous verrons alors
S'il pourra de mon bras foutenir les efforts ;
S'il pourra dans fon cours arrêter ma vengeance.
Ah ! je reffens déja, je goûte par avance

Le plaisir de le voir à mes pieds renversé,
Et de lui dire : « Ingrat qui m'as trop offensé,
» Que j'avois trop servi, que j'ai dû mieux connoître;
» Toi qui n'étois pas fait pour te nommer mon
        » Maître,
» Vois du moins aujourd'hui si je menace en vain,
» Et reconnois Warwik en mourant par sa main.
Mais je t'arrête trop, & la fureur m'entraîne :
L'instant où je menace est perdu pour ma haine.
Je t'en ai dit assez : va, cour, vole.

SCENE III.
WARWIK *seul*.

AH ! du moins,
Si le sort secondoit & mes vœux & ses soins !
J'écoute trop peut-être un transport inutile :
Ce peuple est inconstant, & sa faveur fragile.
Hélas ! les malheureux, par l'espoir aveuglés,
Pleurent souvent l'erreur qui les a consolés.
O ciel ! lorsque, chargé du sort de l'Angleterre,
Triomphant dans la paix, ainsi que dans la guerre,
Et d'un peuple idolâtre excitant les transports,
Heureux & tout-puissant je revoyois ces bords,
Aurois-je pu penser que tant d'ignominie
Dût si-tôt éclipser cet éclat de ma vie,
Et que, frappé bien-tôt des plus cruels revers
Je venois dans ces murs pour y trouver des fers ?

SCENE IV.

WARWIK, ELISABETH, une Suivante.

WARWIK.

Quoi ! Madame, c'est vous ! le Tyran qui m'outrage
Me permet ce bonheur que votre amour partage !
Il n'en est pas jaloux ! c'en est fait ; je le vois :
Vous venez me parler pour la derniere fois.
Vous voulez me laisser un adieu lamentable.
Edouard, insultant à mon sort déplorable,
A cru que votre aspect pourroit encor l'aigrir,
Et puisque je vous vois, sans doute il faut mourir.

ELISABETH.

Non ; d'un sort plus heureux j'apporte le présage,
Pourvu que, fléchissant ce superbe courage....

WARWIK.

Arrêtez ; votre cœur doit épargner le mien.
Parlez-moi de vengeance, ou ne proposez rien.

ELISABETH.

Quoi ! rien n'adoucira votre esprit inflexible !
Edouard, à ma voix, a paru plus sensible.
J'ai rappellé vos soins, votre fidélité ;
Louant votre valeur, blâmant votre fierté,

Excusant d'un Amant l'altiere impatience,
J'ai réclamé l'honneur & la reconnoissance,
Les nœuds qui dès long-tems sont formés entre nous :
J'ai juré devant lui, d'être toujours à vous ;
J'ai demandé la mort : il a plaint mes allarmes.
Enfin il a promis, en répandant des larmes,
De ne point me forcer à cet hymen affreux
Qui hâteroit la fin de mes jours malheureux.
Mais il ne peut souffrir qu'un rival qui l'offense,
En passant dans mes bras, insulte à sa puissance.
Sa colere éclatoit à ce seul souvenir.
Tout prêt à s'y livrer, & tout prêt à punir,
Il m'a représenté la révolte enhardie
Menaçant ses Etats d'un nouvel incendie,
Sa couronne en péril, son honneur offensé,
Par mille factieux votre nom prononcé,
Et les mutins pour vous prêts à s'armer peut-être...

WARWIK.

Ah ! j'en attends l'effet : qu'il est lent à paroître !
Je respire un moment... Je conçois quelque espoir.
Il va sentir les coups qu'il auroit dû prévoir ;
Et bien-tôt....

ELISABETH.

Mais, vous-même, êtes-vous sans allarmes ?
Hélas ! songez qu'ici sans secours & sans armes....
Je frémis.

WARWIK.

Oui, mon sang, (je ne le puis nier)

Est au premier Bourreau qu'il voudra m'envoyer.
S'il a, pour l'ordonner, une ame assez hardie,
Et s'il peut, sans trembler, disposer de ma vie,
Je recevrai la mort sans en être étonné :
Mais je mourrai du moins sans avoir pardonné.
ELISABETH.
Eh ! pardonnez, cruel, à votre triste Amante.
Quand mon cœur pour vous seul se trouble & s'épouvante,
Quand je veux vous sauver, devrois-je, hélas ! vous voir
Dédaigner mon amour, braver mon désespoir ?
Ah ! prévenez enfin les maux que je redoute....
Je lis dans votre cœur ; je sens ce qu'il en coûte :
Mais le sort de tous deux va dépendre de vous ;
Un mot peut d'Edouard appaiser le courroux.
Oubliez un moment cette fierté funeste.
Fléchissez devant lui : je vous réponds du reste.
Il vous connoit, vous craint ; il sera trop heureux
De pouvoir terminer des débats dangereux.
Lui-même il a paru commander à sa flamme :
Lorsqu'il fait le premier cet effort sur son ame,
Ne pouvez-vous du moins....
WARWIK.
Eh ! qu'a-t-il fait enfin !
A son indigne amour il a mis quelque frein :
Le sacrifice est grand : mais moi qu'il déshonore,
Qu'il a mis dans les fers où je languis encore,
Qu'il trahit, qu'il insulte & flétrit tour à tour,

Si je ne suis vengé, je perds tout sans retour.
Peut-être que l'on peut, maître de sa vengeance,
D'un ennemi vaincu dédaigner l'impuissance.
Peut-être l'on préfere, avec quelque plaisir,
L'orgueil de pardonner à l'orgueil de punir :
Mais signer un accord qu'arrache la contrainte,
Céder à la menace, obéir à la crainte ;
Aller comme un Esclave échappé de ses fers,
Demander le pardon des maux qu'on a soufferts !
N'attendez pas de moi cet effort impossible.
Dans mon abaissement je suis plus inflexible.
Je vois tout mon outrage, & je hais sans retour.
Laissez-moi cette haine, ou m'arrachez le jour.

ELISABETH.

Eh bien ! c'en est donc fait ! & ton ame barbare
Suit, sans rien consulter, cet orgueil qui l'égare.
Ni la voix de l'amour, ni l'espoir d'être à moi,
Mes craintes, mes douleurs, ne peuvent rien sur toi.
Tu brules d'assouvir ta fureur meurtriere.
Tu voudrois de tes mains embrâser l'Angleterre.
Va, nage dans le sang ; va, je ne combats plus
Cet orgueil insensé qui flétrit tes vertus.
Va, cruel, va chercher des triomphes coupables ;
Couvre-toi de lauriers à mes yeux méprisables ;
Va, cours plonger ton bras dans le sein de ton Roi :
Mais apprends qu'à ce prix je ne puis être à toi.
Je ne recevrai point dans cette main tremblante
La main d'un furieux de carnage fumante.
La mienne, loin de toi, va finir mes malheurs,

Expier dans mon sang mes funestes erreurs.
C'en est fait ; & je veux, à mon heure suprême,
Maudire, en expirant, Edouard, & toi-même,
Le sort, le sort affreux qui m'accable aujourd'hui,
Et l'amant plus cruel, plus barbare que lui.

WARWIK.

Arrête.... O toi qui sçais ce que mon cœur endure,
Qui devrois adoucir sa profonde blessure,
Toi-même, Elisabeth, viens-tu l'empoisonner ?
Hélas ! quand tous les maux semblent m'environner,
Ecrasé sous leur poids, lorsque mon cœur expire,
Ta main, ta propre main l'arrache & le déchire.
C'est-là le dernier trait de mon affreux destin ;
C'est ma derniere épreuve & j'y succombe enfin.
Va, cesse d'accabler une ame anéantie ;
Va, je ne hais plus rien que moi-même & la vie.
Eh bien ! va donc trouver ce Tyran, cet ingrat....
Va, demande pour moi, dans mon horrible état....
Non, le pardon honteux qui m'indigne & m'offense :
Mais dis-lui que Warwik, appui de son enfance,
Qui veilloit sur ses jours au milieu des combats,
Et, pour les conserver, s'exposoit au trépas ;
Qui des Rois sur son front ceignit le diadême,
Qui n'a de ses travaux rien voulu pour lui-même ;
Malheureux, & pleurant d'avoir vêcu trop tard,
Pour prix de ses bienfaits, lui demande un poignard.

ELISABETH.

Quel est l'égarement où ton ame se livre ?
Cruel !

SCENE V.

WARWIK, ELISABETH, UN OFFICIER, SOLDATS.

L'OFFICIER.

Auprès du Roi, Madame, il faut me suivre.
Ses ordres sont pressans. Hâtez-vous.

ELISABETH.

C'est assez.
Cieux ! éloignez les maux qui me sont annoncés.

WARWIK.

Qui ? Toi, m'abandonner ! où vas-tu ? Non, demeure.
Demeure, Elisabeth.... Ah ! s'il faut que je meure,
Mes yeux du moins....

L'OFFICIER.

Madame, Edouard vous attend.

ELISABETH.

Hélas ! pour nous sauver tu n'avois qu'un instant.
Tu l'as perdu, cruel ; & l'espoir qui me reste....
Adieu.

WARWIK.

Vous l'entraînez !

SCENE VI.

WARWIK *seul.*

O Toi, toi que j'atteste,
Toi qui, m'enlevant tout, me refuses la mort,
Peux-tu permettre, ô Ciel ! que sous les coups du sort
Le grand cœur de Warwik s'affoiblisse & succombe ?
Avant de m'avilir, Ciel, ouvre-moi la tombe.
  (*Il s'assied.*)
Je me sens accablé de mon malheur affreux.
De momens en momens ce flambeau ténébreux,
Qui luit si tristement dans l'épaisseur des ombres,
Verse un jour plus funebre, & des lueurs plus sombres.
Malgré moi je frémis : tout porte dans mon cœur
Un chagrin plus profond, une morne douleur........
Hélas ! enseveli dans cette nuit cruelle,
Tout ce que je ressens est horrible comme elle.
Mais quel bruit effrayant fait retentir ces lieux ?
Je crois entendre au loin des cris tumultueux.
On approche.... Le sort remplit mon espérance ;
On m'apporte la mort.

SCENE

SCÈNE VII.

WARWIK, SUMMER, *l'épée à la main*, SOLDATS.

SUMMER.

J'Apporte la vengeance.
Ami, prenez ce fer ; soyez libre & vainqueur.

WARWIK *(avec transport.)*

Tout est donc réparé ?.... Cher ami, quel bonheur !

SUMMER.

Votre nom, votre gloire, & la Reine, & moi-même,
Tout range sous vos loix un peuple qui vous aime.
Marguerite échappée aux Gardes du Palais,
D'abord, à votre nom, rassemble les Anglois ;
Je me joins à ses cris : tout s'émeut, tout s'empresse ;
Tous veulent vous offrir une main vengeresse.
On attaque, on assiége Edouard allarmé,
Avec Elisabeth au Palais renfermé.
Paroissez ; c'est à vous d'achever la victoire.
Ami, venez chercher la vengeance & la gloire.

WARWIK.

Voilà donc où sa faute & le sort l'ont réduit.

E

De son ingratitude il voit enfin le fruit.
Il l'a trop mérité. Marchons.... Warwik, arrête.
Tu vas donc d'une femme achever la conquête,
Ecraser sans effort un rival abattu !
Sont-ce là des exploits dignes de ta vertu ?
Est-ce un si beau triomphe offert à ta vaillance,
D'immoler Edouard, quand il est sans défense ?
Ah ! j'embrasse un projet plus grand, plus généreux.
Voici de mes instans l'instant le plus heureux ;
Ce jour de mes malheurs est le jour de ma gloire.
C'est moi qui vais fixer le sort & la victoire.
Le destin d'Edouard ne dépend que de moi.
J'ai guidé sa jeunesse, & mon bras l'a fait Roi.
J'ai conservé ses jours, & je vais les défendre.
Je lui donnai le Sceptre, & je vais le lui rendre,
De tous ses ennemis confondre les projets ;
Et je veux le punir à force de bienfaits.
Il connoîtra mon cœur autant que mon courage ;
Une seconde fois il sera mon ouvrage.
Qu'il va se repentir de m'avoir outragé !
Combien il va rougir ! Amis, je suis vengé.
Allons, braves Anglois ; c'est Warwik qui vous guide :
Ne désavouez point votre Chef intrépide.
Si vous aimez l'honneur, venez tous avec moi,
Et combattre Lancastre, & sauver votre Roi.

Fin du quatriéme Acte.

ACTE V.

SCENE PREMIERE.
ELISABETH *seule*.

Ciel ! où porter le trouble où mon cœur s'abandonne ?
La terreur me poursuit, & la mort m'environne.
J'entends autour de moi les cris de la fureur,
Les plaintes des mourans.... O ciel ! ô jour d'horreur !
On arrête mes pas : hélas ! ce que j'ignore
Est plus triste, peut-être, & plus affreux encore ;
Et le Ciel, que ma voix est lasse d'implorer,
Quel que soit le succès, me condamne à pleurer.
Le fatal ascendant qui me suit & m'opprime,
A mes yeux, malgré moi, traîne enfin dans l'abîme
Deux amis, deux Héros l'un de l'autre admirés,
Deux cœurs nés généreux, par l'amour égarés.

SCENE II.
ELISABETH, SUFFOLK.
ELISABETH.

Où courez-vous, Suffolk ? Venez-vous ?...

SUFFOLK.

Ah ! Madame,
Aux transports de la joie abandonnez votre ame ;
Jouissez d'un bonheur que vous n'attendiez pas :
Jamais un jour plus beau n'a lui sur ces climats.

ELISABETH.

Ah ! ce jour à mon cœur n'offroit rien que d'horrible.
Quoi ! Warwik.... Achevez.

SUFFOLK.

Ce Héros invincible,
Le plus fier des Mortels & le plus valeureux,
Est encor le plus grand & le plus généreux.
Déja de ses succès Marguerite enivrée,
Croyoit à son parti la victoire assurée,
Quand le nom de Warwik, par cent voix répété,
Suspend des combattans l'effort précipité.
Soudain au milieu d'eux il s'avance, il s'écrie :
Amis, où vous emporte une aveugle furie ?
Anglois, quel ennemi poursuit votre courroux ?
C'est ce même Edouard jadis choisi par vous,
Qui vous fut dans ces murs présenté par moi-même,
Qui, de vos propres mains, reçut le Diadême.
Si c'est Warwik, amis, que vous voulez venger,
Défendez votre Maître, au lieu de l'outrager.
Partagez avec moi cette gloire si belle ;
O mes braves Anglois, c'est moi qui vous appelle ;
Reconnoissez ma voix. Ses paroles, ses traits,

Cet aspect si puissant & si cher aux Anglois,
Le feu de ses regards, cette ame grande & fiere,
Cette ame sur son front respirant toute entiere,
Cet empire suprême, & ces droits si certains
Qu'un Héros eut toujours sur le cœur des humains,
Subjuguent les esprits. Tout obéit, tout change.
Du côté d'Edouard tout le peuple se range;
Et ce Prince & Warwik, pressés de tous côtés,
Dans les bras l'un de l'autre à l'envi sont portés.
Au milieu du fracas, du tumulte & des armes,
Les Soldats attendris laissent tomber des larmes.
Quelques mutins encor, dans leur rage obstinés,
A combattre, à périr semblent déterminés;
Warwik, le fer en main, les frappe & les renverse;
Leur foule devant lui succombe & se disperse;
Et la Reine & les siens cédant à son effort,
Bien-tôt n'ont plus d'espoir que la fuite ou la mort.

ELISABETH.

Et voilà le Mortel qu'a choisi ma tendresse!
Non, tu ne conçois pas cet excès d'allégresse,
Ces transports que je sens, qu'inspirent à mon cœur
Ces vertus dont sur moi réjaillit la splendeur;
Cet effort d'un Héros, ces honneurs qu'il mérite....
Vient-il?

SUFFOLK.

    Vers la Tamise il poursuit Marguerite,
Cependant qu'Edouard, autour de ce Palais,
Appaise le désordre, & rétablit la paix.
Mais, le voici lui-même.

SCENE III.

ELISABETH, EDOUARD, SUFFOLK, GARDES.

ELISABETH.

AH ! partagez ma joie,
Sire, après tous les maux où mon cœur fut en proie,
Hélas ! j'ai bien le droit de sentir mon bonheur,
D'applaudir au Héros si digne de mon cœur,
Que sans doute avec moi vous admirez vous-même,
Ce qu'il a fait pour vous ; oui, cet effort suprême...

EDOUARD.

Je le sens, je l'admire, & je n'en rougis pas :
Un bienfait n'avilit que les cœurs nés ingrats.
C'est peu d'avoir dompté la révolte & la guerre,
C'est peu d'avoir rendu le calme à l'Angleterre ;
Je lui dois encor plus : pour ce cœur satisfait,
L'amitié de Warwik est son plus grand bienfait ;
J'en suis digne du moins, & je lui rends la mienne :
Ma générosité doit égaler la sienne ;
Et mon cœur n'est pas fait pour le déguisement.
Je sçais qu'il est un art de feindre lâchement,
D'oublier un service, & jamais une offense,
D'attendre le moment propice à la vengeance :
D'autres le puniroient de les avoir servis :

Il est beaucoup de Rois ; il est bien peu d'amis.
Mais j'abhorre à jamais cette exécrable étude,
Cet art de la bassesse & de l'ingratitude.
L'amour seul a produit & mes torts & les siens ;
La vertu nous ramene à nos premiers liens.
A la loi du traité je suis prêt à me rendre :
Il mérita vos vœux ; je cesse d'y prétendre.
Je commande à l'amour ; & plein des mêmes feux,
Je sçaurai.....

SCENE IV.

ELISABETH, EDOUARD, MARGUERITE, SUFFOLK, GARDES ET SOLDATS.

MARGUERITE.

LE Destin me ramene à tes yeux ;
Tu me revois captive, & pourtant triomphante :
Tremble ; j'apporte ici le deuil & l'épouvante.
(*A Edouard.*)   (*A Elisabeth.*)
Warwik est ton ami ; Warwik est ton Amant ;
Frémissez tous les deux dans ce fatal moment :
Il meurt.

ELISABETH.

Warwik !

E iv

EDOUARD.
O Ciel !

MARGUERITE.
Et j'ai proscrit sa vie.
De fideles amis ont servi ma furie ;
Mêlés parmi les siens, ils l'ont enveloppé :
Toi seul es plus heureux, toi seul m'es échappé.

EDOUARD.
Barbare !

MARGUERITE.
J'ai détruit ton défenseur coupable ;
Qu'il me servît, ou non, sa mort inévitable
Dut punir aujourd'hui son infidélité,
Ou l'orgueil du secours que son bras m'eût prêté.
Toi, tu peux le venger ; & tu peux méconnoître
Les droits des Souverains : tu n'es pas né pour l'être.
(Elle sort.)

EDOUARD.
Je le suis pour punir un monstre furieux.
Ah ! que vois-je ?

SCENE V. & derniere.

Acteurs précédens. WARWIK *apporté par des Soldats,* SUMMER.

ELISABETH *courant à lui.*

WARWIK, cœur noble & malheureux !

EDOUARD.

(*A Warwik.*)

Héros que j'ai chéri, que je perds par un crime,
Ah ! ma vengeance au moins peut t'offrir ta victime :
Cette femme barbare, au milieu des tourmens,
Bien-tôt......

WARWIK.

Ecoutez moins de vains ressentimens ;
Renvoyez à Louis cette Reine cruelle :
Il pourroit la venger.... Ne craignez plus rien d'elle.
Ce peuple qui m'aima, la déteste aujourd'hui ;
Qui m'a donné la mort, ne peut régner sur lui.
Pleurez moins mon trépas.... ma carriere est finie
Dans l'instant le plus beau dont s'illustra ma vie.
Ma voix a fait encor le destin des Anglois,
Et j'emporte au tombeau ma gloire & vos regrets.

ELISABETH.

Ah ! ton Elisabeth ne pourra te survivre ;
J'ai vécu pour t'aimer ; je mourrai pour te suivre.
Dans la nuit du tombeau tous les deux renfermés,
Unis malgré la mort.....

WARWIK.
Vivez, si vous m'aimez.

(*A Edouard.*)

N'accusons de nos maux que vous & que moi-même.
Votre amour fut aveugle ; & mon orgueil extrême.
Vous aviez oublié mes services ; & moi
J'oubliai trop, hélas ! que vous étiez mon Roi.
Nous en sommes punis.... Mes forces s'affoiblissent,
Ma voix meurt & s'éteint, & mes yeux s'obscur-
    cissent.

(*A Elisabeth.*)

Ma chere Elisabeth, adieu, séchez vos pleurs ;
Je ressens à la fois la mort & vos douleurs.
Hélas ! il est affreux de quitter ce qu'on aime.

(*A Edouard.*)

Réparez, s'il se peut, son infortune extrême ;
Sur ses jours malheureux répandez vos bienfaits.
Warwik fut votre ami.... Ne l'oubliez jamais.

(*Il meurt.*)

FIN.

LETTRE
A Mr. DE VOLTAIRE.

MONSIEUR,

Quoiqu'éloigné du centre de notre Littérature, vous en êtes toujours l'ame & l'honneur. Tous ceux qui font quelques pas dans cette carriere, où vous avez tant de fois triomphé, vous offrent en tribut les essais de leur jeunesse. En soumettant cet Ouvrage à vos lumieres, je ne fais que suivre la foule; & si je puis m'en distinguer, ce n'est que par la sensibilité particuliere qui m'a toujours attaché à vos Ecrits, & dont j'ai osé déja vous donner des témoignages.

Il est donc vrai, Monsieur, qu'il vient un temps où tous les hommes s'accordent pour être justes, où le cri de l'envie est étouffé par le cri de l'admiration, où l'on n'ose plus opposer la médiocrité qu'on méprise, au génie qu'on voudroit dégrader, où l'homme supérieur à son siecle est enfin à sa place! Ce sentiment unanime & victorieux qui détruit tous les autres intérêts, a quelque chose de sublime; il me fait respecter l'Humanité.

Tel est le rang où vous êtes parvenu, Monsieur; tel est l'hommage universel que l'on vous rend aujourd'hui, & que méritent vos chefs-d'œuvre dans plusieurs genres, sur-tout dans le genre Dramatique. Permettez-moi de discourir quelque temps avec vous sur cet Art que j'aime, & dans lequel vous excellez. Quand on écrit à son Maître, il faut s'instruire avec lui, lui proposer des réflexions & des doutes qu'il peut éclairer, plutôt que de lui adresser des louanges qui sont toujours fort au-dessous de lui.

Il n'est que trop vrai que le Théâtre est depuis long-temps dans ses jours de décadence. Vous vous êtes placé à côté de nos Maîtres, & tout le reste est bien loin de vous. On a même abusé de vos préceptes pour corrompre & détériorer l'Art de la Tragédie. Vous nous avez dit que la pompe du Spectacle ajoutoit beaucoup à l'intérêt d'une action ; vous avez recommandé cet accessoire trop négligé jusqu'à vous. Qu'est-il arrivé ? On a fait de la Tragédie une suite de Tableaux mouvans ; on a prodigué les évenemens en représentation, les combats, les poignards, & l'on a fait des ouvrages, dont tout le mérite étoit pour l'Actrice ou le Décorateur. On a voulu oublier ce que vous aviez répété cent fois, que, sans l'intérêt & le style, tous ces ornemens étrangers ne produisoient que l'effet d'un instant, & qu'il ne restoit rien d'un ouvrage de cette espece quand la toile étoit tombée. J'entendois demander autour de moi, lorsqu'il s'agissoit d'une Piece nouvelle : y a-t-il des coups de Théâtre en grand nombre, des tirades pour l'Actrice, des maximes, des déclamations ? On se gardoit bien de demander : Les Personnages disent-ils ce qu'ils doivent dire ? L'action est-elle raisonnable ? Le style est-il intéressant ? Ces bagatelles étoient bonnes pour le vieux temps ; & l'on disoit tout haut que Britannicus, donné aujourd'hui pour la premiere fois, seroit à peine écouté.

C'est au milieu de tels discours & de tels préjugés, que j'ai osé concevoir & exécuter un Drame de la plus grande simplicité. J'ai pensé que les évenemens multipliés ne pouvoient tout au plus intéresser que la curiosité de l'esprit, & non la sensibilité de l'ame ; que pour faire éprouver aux hommes rassemblés des émotions durables, il falloit développer devant eux une action simple, qui, de momens en momens, devînt plus intéressante ; qu'il falloit imprimer profondément dans leurs cœurs les sentimens divers & successifs des Personnages ; que la Tragédie n'étoit pas seulement le talent de faire agir les hommes sur la scene, mais sur-tout celui de les faire parler. Oui, je ne craindrai pas de le répéter, l'éloquence seule peut animer la Tragédie ; c'est le caractere distinctif des grands Maîtres, c'est le vôtre. Le mérite n'est pas bien grand d'arranger une action vraisemblable ; mais créer des êtres à qui l'on donne des passions qu'il faut peindre, répandre dans les discours qu'on leur prête cet intérêt soutenu, cette chaleur qui donne à l'illusion l'air de la vérité, trouver, saisir ces sentimens qui s'échappent de l'ame, & que l'homme médiocre ne rencontre jamais : voilà le talent rare & supérieur ; voilà le génie.

Quel don, Monsieur, que l'éloquence ! C'est le plus beau présent de la nature. Elle fait pardonner tout, même la verité. Et quel homme sait mieux que vous les réunir ? Qui mieux que vous a su faire servir à notre instruction la science de plaire & d'attendrir ? Combien vous savez adoucir les hommes, afin qu'ils vous permettent de les éclairer ! Peut-être il est encore des ames ingrates & dures qui se refusent au plaisir que vous leur procurez, qui cherchent les défauts de vos ouvrages en essuyant les larmes que vous leur arrachez. Peut-être même me reprocheront-elles cette expression de ma reconnoissance ; pour moi je la crois dûe au grand homme qui cent fois a charmé les instans de ma vie, & qui m'a appris encore à pardonner à leur ingratitude.

Je serois trop heureux, Monsieur, si le plaisir qu'on goûte à la lecture de vos ouvrages, suffisoit pour apprendre à les imiter. Sans prétendre à cette gloire, je me suis attaché du moins à pratiquer vos leçons. J'ai cherché la clarté dans le style ; la simplicité dans la marche. J'ai déployé sur la scene l'ame grande & sensible de Warwik, & j'ai cru qu'avec cet avantage je serois bien malheureux si j'avois besoin de ces ornemens si superflus, & que l'on croit si nécessaires. Ma jeunesse, & quelques lueurs de cet ancien goût, qui pour n'être plus suivi, n'est pourtant pas oublié, m'ont fait accueillir du Public avec cette indulgence qui récompense les efforts, & encourage les dispositions. On a applaudi au genre que j'avois choisi bien plus qu'à mes talens. Il seroit à souhaiter que cet accueil engageât tous ceux qui se disputent aujourd'hui la Scene, à rentrer dans l'ancienne route, qui probablement est la plus sûre, & dans laquelle sans doute ils iroient bien plus loin que moi. C'est à vous, Monsieur, qui avez atteint le but, & qui êtes assis sur vos trophées, c'est à vous à les ramener. Elevez encore votre voix, proposez-leur de relire Phédre & Cinna. Moi je leur citerai Mérope, & ces trois derniers Actes de Zaïre, ces Actes si admirables, où les développemens d'un cœur tendre & jaloux suffisent pour remplir la Scene. J'entends toujours parler de coups de Théâtre. Mais, qu'est-ce que des coups de Théâtre ? Sont-ce des exécutions sanglantes ? Non. Oreste dans Andromaque est épris d'Hermione : il vient d'obtenir l'assurance de l'épouser, si Pirrhus épouse la veuve d'Hector. Pirrhus y semble déterminé : il a refusé de livrer Astianax, il sacrifie tout à sa Troyenne. Oreste nage dans la joye. Arrive Pirrhus. Tout est changé. Il est bravé, il revient à Hermione, & livre Astianax ; il invite Oreste à être témoin de son mariage. Oreste demeure anéanti, & le Spectateur avec lui. Voilà un coup de Théâtre. Il est d'un Maître.

C'est ainsi qu'il faut que les évenemens d'une Piece paroissent toujours le résultat des caractères, & non une machine fragile, dont on voit tous les ressorts dans la main de l'Auteur. Mais c'est sur le style que nous avons sur-tout besoin de vos leçons. Si vous avez quelquefois placé dans une Scene des réflexions rapides, presque toujours fondues dans l'intérêt, on a prétendu dès-lors qu'il falloit, à votre exemple, faire entendre sur le Théâtre toutes les vérités morales qu'on a pu dire depuis deux mille ans. On a fait de longues tirades bien traînantes, bien ennuyeuses, sur-tout bien déplacées. On est convenu d'appeller cela des Vers saillans, *des Vers à retenir*. Vous ne serez pas surpris, Monsieur, quand vous aurez lu cette Tragédie, que plusieurs personnes se soient plaintes de n'y pas trouver de ces *Vers à retenir*. Je crois bien que vous m'en saurez bon gré. Quant à ces personnes, dont je vous parle, je suis bien fâché de ne pouvoir les satisfaire, mais je leur répondrai, & vous appuîrez mon avis, sans doute, que, pour bien écrire, il faut mettre le mot pour la chose, & rien de plus. Que des Vers de situation, profondément sentis, valent cent fois mieux que des Vers faits par l'esprit pour refroidir l'ame, qu'enfin il faut préférer le style qui fait vivre un ouvrage à celui qui fait briller l'Acteur.

Combien de gens ignorent le mérite de ces Vers simples & faciles, sans inversions, sans épithetes, qui seuls font entendre une Tragédie avec une satisfaction continue ! Je dirai plus, quand cette simplicité est touchante, je la préfere aux plus grandes pensées.

Tout le monde connoît ces Vers fameux de Corneille, en parlant de Pompée.

> Il (le Ciel) a choisi sa mort pour servir dignement
> D'une marque éternelle à ce grand changement,
> Et devoit cet honneur aux mânes d'un tel homme,
> D'emporter avec eux la liberté de Rome.

Cette pensée est grande sans enflure ; mais j'aimerois bien mieux avoir fait ces Vers-ci d'Athalie, en parlant des flatteurs.

> Ainsi de piége en piége, & d'abîme en abîme,
> Corrompant de vos mœurs l'aimable pureté,
> Ils vous feront bien-tôt haïr la vérité ;
> Vous peindront la vertu sous une affreuse image.
> Hélas ! ils ont des Rois égaré le plus sage.

J'ai les larmes aux yeux en vous traçant ces Vers. Je ne connois rien au-dessus, & quand je songe que c'est un Grand-Prêtre qui tient ce langage aux pieds d'un Roi enfant qu'il va remettre sur son trône, il me semble qu'on n'a jamais offert aux hommes un spectacle plus grand & plus pathétique.

Il faut dire de grandes choses avec des termes simples. Tels sont mes principes, Monsieur ; c'est de vous que je les tiens. J'ajouterai qu'il seroit bien cruel & bien injuste, que ceux qui ont des principes contraires, se crussent en droit d'être mes ennemis. Je saisis cette occasion de me plaindre à vous publiquement des discours, que la haine & la crédulité répandent sur moi. Dans un monde où tout est de convention, où l'on marche au milieu de cent petites vanités qu'il faut craindre de heurter, j'ai été juste & vrai ; on m'en a fait un crime, & beaucoup de gens m'ont accusé d'être méchant, parce que je n'avois pas la fausseté nécessaire pour l'être. Il est également triste & inconcevable d'être haï par une foule de personnes que l'on n'a jamais vues.

Des discussions littéraires, des intérêts d'un jour doivent-ils produire des inimitiés aussi aveugles ? Quoi ! faudra-t-il toujours redire aux hommes : ne haïssez jamais celui qui ne vous est pas connu, & que peut-être vous auriez aimé.

Au reste, Monsieur, ces désagrémens attachés aux Arts de l'esprit, n'affoibliront point l'amour que j'ai pour eux & qui est né avec moi. La reconnoissance que je dois aux bontés du Public, me donnera de nouvelles forces, & développera peut-être en moi les talens qu'il a cru appercevoir. Peut-être ceux pour qui la lecture est un plaisir utile & réel, en lisant ce foible essai, seront attendris des sentimens honnêtes & vertueux que j'ai su quelquefois exprimer, & leur ame me saura gré d'avoir écrit. La mienne (vous le voyez, Monsieur,) s'épanche devant vous avec liberté. Je suis toutes ses impressions, sans songer que j'abuse de vos momens, que je vous occupe d'objets importans pour ma jeunesse, & que votre expérience regarde d'un œil bien différent. Vous avez prévu ou senti tout ce qui m'étonne ou m'irrite. Vous êtes à cette hauteur où tout paroît illusion & vanité. Aussi je compte également sur les conseils de votre Philosophie & sur les lumieres de votre goût.

Je suis, &c.

P. S. Je reçois en ce moment des *Réflexions à un Ami sur le Comte de Warwik*. A la bassesse du style, à l'ignorance profonde qu'on apperçoit dans ces *Réflexions critiques*, on n'imagineroit pas qu'elles fussent d'un Versificateur de profession. Cependant on me l'assure. Sa mémoire ne le sert pas mieux que son esprit. Il cite comme il juge. Du reste il ne paroît pas médiocrement affligé du sort de la Piece. Je souhaite que sa Critique le console.

APPROBATION.

J'AI lû par ordre de Monseigneur le Vice-Chancelier, *le Comte de Warwik*, Tragédie; & je crois que l'on peut en permettre l'impression. A Montrouge, ce 20. Novembre 1763.

Signé, MARIN.

Le Privilége & l'Enregistrement se trouvent au Nouveau Théâtre François & Italien.

www.ingramcontent.com/pod-product-compliance
Lightning Source LLC
LaVergne TN
LVHW020959090426
835512LV00009B/1957